SOCIÉTÉ DE LÉGISLATION COMPARÉE

DISCOURS

PRONONCÉ

DANS LA SÉANCE DU 15 DÉCEMBRE 1882

PAR

M. LE Président DUVERGER

PROFESSEUR A LA FACULTÉ DE DROIT DE PARIS

PARIS

A. COTILLON ET Cie, ÉDITEURS, LIBRAIRES DU CONSEIL D'ÉTAT

24, rue Soufflot, 24

1883

DISCOURS

PRONONCÉ

DANS LA SÉANCE DU 13 DÉCEMBRE 1882

PAR

M. LE PRÉSIDENT DUVERGER

PROFESSEUR A LA FACULTÉ DE DROIT DE PARIS

MESSIEURS ET CHERS COLLÈGUES,

Avant de vous rendre compte de l'état des travaux dont je vous ai entretenus au mois de mai dernier, je dois payer notre dette de regrets et d'hommages à la mémoire des collègues que nous avons perdus pendant l'année qui finit.

Nos deuils sont nombreux, plus nombreux encore que l'année précédente, déjà singulièrement douloureuse; quinze de nos collègues sont morts, et plusieurs, bien avant l'âge normal de la mort !

Un mérite commun leur appartient : tous ont été dévoués au progrès du droit; aussi, Messieurs, étaient-ils venus à vous qui poursuivez ce progrès, en interrogeant les lois du monde entier.

L'amour de la science n'échauffe guère que les cœurs épris du bien général; nos collègues ont cherché ce bien. J'oppose les exemples qu'il laissent à cette décourageante parole, trop répétée : notre époque ne connaît plus le dévouement.

Sans doute, l'amour de l'humanité, l'amour de la patrie ne se puise pas toujours à la source vraie, infinie; même dans ce cas, ce noble amour mérite d'être loué; tôt ou tard il retrouvera sa divine filiation.

Le premier nom, sur la liste française de nos pertes, est celui de M. le conseiller honoraire ERNEST DE NEYREMAND.

Pendant trente-deux ans, à Colmar, M. de Neyremand a exercé la

profession d'avocat. En 1834, l'estime publique le désignait au choix
du Garde des sceaux pour la présidence du tribunal d'Altkirch ; il
est nommé ; sa première parole au tribunal est que, malgré sa
longue pratique, il a beaucoup à faire pour être un magistrat.

Il fait vite et bien ; le Garde des sceaux le félicite de la remarquable impulsion q'il a imprimée aux travaux du tribunal ; et, en
1859, il le nomme conseiller à la cour de Colmar.

A la fin de 1870, en pleine occupation ennemie, notre collègue
préside la dernière session française des assises dans le Haut-Rhin.
« L'entreprise paraissait chimérique, écrit le procureur général au
Ministre, pas de gendarmes pour faire les notifications aux jurés...,
pas d'argent ; les jurés ont renoncé à leur indemnité ; les témoins à
leur taxe... M. le conseiller de Neyremand a, comme toujours, présidé la session de la manière la plus distinguée ».

Le déchirement était consommé entre la grande et la petite
patrie ; M. de Neyremand, pour servir la France jusqu'à son dernier
jour, rompt, à soixante-dix-ans, avec sa chère Alsace qu'il ne
devait plus revoir.

Nommé conseiller honoraire, il suit son fils conseiller à la cour
de Nîmes ; tous deux, a dit sur sa tombe M. le premier président
Gouazé, trouvent dans cette ville hospitalière et patriote la
sympathie et le respect qui sont dûs au malheur immérité. « Le
vaillant vieillard » reprit alors sa plume.

Il était, depuis longtemps, connu par ses travaux juridiques et
historiques. En 1860, MM. Pillot et de Neyremand avaient publié
l'*Histoire du Conseil souverain d'Alsace*. Ce livre, qui fait honneur à
l'érudition de ses auteurs, garde les preuves de l'union intime qui
attachait l'Alsace à la France ; il montre que le conseil souverain
« s'est voué, dès le premier jour, à faire de l'Alsace une sœur de la
France, et que la province a répondu au delà de toute espérance,
— c'est la conclusion même du livre, — à la voix de ses magistrats » (1).

On devait encore à M. de Neyremand un volume fort estimé : *Questions sur la chasse*. Parmi ses nombreuses dissertations insérées
dans les revues de droit, je remarque, au point de vue législatif, les
articles sur la nécessité de réprimer l'ivresse. Notre collègue avait
commencé la campagne dès l'année 1857 ; il la reprend en 1870 ; il
invoque l'exemple des lois étrangères, trop dédaigné, dit-il, par le
chauvinisme législatif. M. de Neyremand est donc au premier rang
de ceux qui ont préparé la loi de 1873. Vous savez, Messieurs, la

(1) P. 547.

part qui revient, dans cette œuvre d'humanité et de défense sociale, à un autre de nos collègues, à M. Albert Desjardins.

Je regrette de n'avoir pas le temps d'indiquer, au moins, les sujets des nombreux mémoires composés à Nîmes par M. de Neyremand ; dans plusieurs sont traitées des questions législatives d'un intérêt vif et actuel : recherche de la paternité; dissolution du mariage par le divorce (1).

Parmi les œuvres manuscrites laissées par notre collègue, on remarque la traduction de l'immense Code général des Etats prussiens, avec une introduction et de nombreuses notes (2).

M. de Neyremand, entre autres, a justifié, — nous le disons après M. Gouazé, — ces paroles du Garde des sceaux que la Société se glorifie d'avoir eu pour président : « La magistrature française a toujours tenu à honneur de contribuer par ses écrits au progrès de la science du droit et de la législation. Les ouvrages dus à la plume de savants magistrats sont nombreux et attestent que ni l'amour des études sérieuses, ni la vocation pour les recherches d'érudition, ni le talent d'écrire ne font défaut aux magistrats de notre temps. »

Deux jours après la mort de M. de Neyremand, nous perdions M. Jules PATAILLE.

M. Pataille était fils d'un conseiller à la Cour de cassation, il avait les vertus du juge, mais il préféra toujours les luttes et l'indépendance de la barre aux honneurs de la magistrature.

Trois de nos collègues, MM. Barboux, Albert Liouville, Pouillet, ont fait, avec le talent que vous leur connaissez, le portrait de M. Pataille ; tous trois ont mis en relief, comme trait dominant, l'amour du droit.

C'est louer un officier, même illustre, que de dire : il était un vrai soldat, toujours prêt à donner sa vie pour le drapeau ; c'est faire, même d'un jurisconsulte consommé, le plus bel éloge que de dire : il était un véritable homme de droit, toujours respectueux du droit, toujours prêt à le défendre. Tel a été M. Pataille.

Cinquante ans de vie militante au Palais, la rédaction au journal *le Droit*, depuis 1835, du Bulletin de la Cour de cassation; la fondation des *Annales de la propriété industrielle, littéraire et artistique*, où « pendant vingt ans il a rassemblé tous les monuments de la législation et de la jurisprudence en ces matières » (3), prouvent

(1) *La France judiciaire*, première partie, 1878-1879, p. 97 et 361, *Du Divorce dans la législation prussienne.*

(2) Voir la touchante *Notice historique* écrite par M. de Neyremand fils.

(3) M. Eug. Pouillet, *Annales de la propriété industrielle*, t. XXVII, p. 9.

l'activité de M. Pataille ; — la réputation qu'il laisse au Palais et ses *Observations* sur les arrêts recueillis dans les *Annales* montrent son talent de jurisconsulte et d'écrivain. Il emporte la reconnaissance d'une illustre cliente, la propriété littéraire ; il la défendait incessamment devant les tribunaux ; il a demandé au législateur de proclamer que le droit des auteurs est la propriété, qu'il n'est pas un privilège concédé par la loi. Il croyait d'ailleurs à la légitimité et à l'utilité d'une limitation de cette propriété (1). Ce n'était pas le jurisconsulte seulement qui plaidait pour la propriété littéraire et artistique ; c'était aussi l'ami du beau, sculpteur et poète à ses heures.

M. Pataille a donné le plus utile concours, pendant l'exposition universelle de 1878, aux travaux très appréciés du grand Congrès international de la propriété industrielle.

L'homme de droit était un citoyen courageux. Capitaine au huitième bataillon des gardes nationales de la Seine, M. Pataille, malgré son âge, a supporté, comme les plus jeunes et les plus énergiques, les fatigues du siège ; payant de sa personne en toute occasion, il s'est porté, le 31 octobre, au secours du gouvernement emprisonné par l'émeute ; au mois de mars 1871, il exposa de nouveau sa vie pour étouffer la plus criminelle insurrection.

Lorsqu'après la guerre, M. Pataille a reçu la croix d'honneur, chacun applaudit à cet acte de justice.

M. Pataille prenait part à vos discussions. Dans la séance de mars 1878, à propos des brevets d'invention, sur la question de l'examen préalable, il a vivement intéressé l'assemblée en faisant connaître le système de la loi anglaise. Le libéral s'est montré, une fois de plus, dans la protestation, qu'il a faite, contre tout système tendant à dépouiller les tribunaux ordinaires d'une partie du contentieux en matière de brevets.

C'est à son biographe le plus complet qu'il appartient de terminer cette insuffisante notice. «La foule qui suivait ses obsèques, a dit M. Pouillet, et que l'église Saint-Roch avait peine à contenir, fit voir quelles sympathies, quelles amitiés Jules Pataille avait su recueillir pendant le cours d'une vie si modeste, mais en même temps si égale à elle-même et, au demeurant, si bien remplie.» (2).

Un troisième collègue nous est enlevé dans les derniers jours de 1881, le vénérable docteur BRIERRE DE BOISMONT.

En 1831, connu déjà, à trente-trois ans, par quelques ouvrages,

(1) *Annales de la propriété industrielle*, t. XII-XIII, p. 131.
(2) *Loc. cit.*, p. 6. — « La vie de M. Pataille est le meilleur exemple de ce

notre courageux collègue accepte la mission d'aller étudier le choléra en Pologne. Au retour, il écrit sur cette maladie un mémoire qui mérite, de l'Institut, une médaille d'or.

Bientôt, M. Brierre de Boismont est attiré par une branche de la science, qui le rapproche des études de philosophie et de législation, par la médecine mentale. Il a marqué le lien entre cette médecine et la philosophie, dans ces belles paroles rappelées sur sa tombe par notre savant collègue, M. le docteur Motet : « Nous croyons que le médecin aliéniste, préparé par des études convenables, est peut-être l'homme le plus apte à élucider les questions de philosophie ; et, pour notre part, nous déclarons hautement qu'après le bonheur de soulager des malheureux, ce qui nous a surtout attiré dans cette science, c'est l'attrait des magnifiques problèmes de l'immortalité de l'âme, d'une vie future, d'une foule d'autres questions de métaphysique ; et loin de reléguer ces sujets dans un sanctuaire sacré, par la raison qu'ils sont inaccessibles à nos efforts, nous les regardons comme faisant partie intégrante de la vie intellectuelle, dont ils sont, d'ailleurs, un besoin irrésistible. » (1).

M. le docteur Motet constate que ces hautes visées se montrent dans tous les ouvrages du docteur Brierre de Boismont, et que les travaux nombreux du savant aliéniste jouissent, à l'étranger comme en France, d'une très grande autorité.

M. Brierre de Boismont avait deux raisons de nous appartenir : ses recherches confinaient au droit ; il a publié une étude sur la responsabilité générale et partielle des aliénés ; — il poursuivait le progrès du traitement des aliénés, en comparant la France et l'étranger ; il a écrit une étude sur les asiles d'aliénés en Italie.

M. de Boismont avait cet amour généreux de la science, qui groupe en associations les savants animés du même feu ; il a été l'un des fondateurs, puis le président de la Société médico-psychologique. M. Motet, secrétaire général de cette société, a dit comme organe de ses collègues : Si on avait « à prendre, au milieu de tant de noms illustres, celui qui, dans le passé, personnifierait le mieux notre compagnie, le nom de Brierre de Boismont viendrait au premier rang. » (2).

que peuvent l'honnêteté et l'intelligence, quand elles sont soutenues par une volonté qui ne se lasse pas... » Discours de M. le bâtonnier Oscar Falateuf, *Gazette des Tribunaux* des 27 et 28 novembre 1882.

(1) *Annales médico-physiologiques,* 6e série, t. VII, p. 348.

(2) *Loc. cit.*

L'année 1882 s'ouvre, pour nous, par un nouveau deuil ; nous perdons M. le sénateur HEROLD, préfet de la Seine.

M. Herold a été l'un des créateurs de notre Société. Dans la première séance générale, vous l'avez élu membre du Conseil de direction. Il a travaillé pour nous, tant qu'il en a eu le loisir.

Dans la séance de juillet 1869, M. Herold rend compte de l'ouvrage de M. Piérantoni, intitulé *Histoire de l'étude du droit international en Italie;* il prie la Société de s'associer énergiquement, pour la France, au vœu émis, dans le livre qu'il analysait, pour l'Italie, que l'enseignement du droit international reçoive, enfin, dans les écoles publiques un développement en rapport avec son importance.

Dans la séance de janvier 1872, M. Herold fait une communication très instructive sur *la durée du mandat et le mode de renouvellement des chambres législatives*, d'abord chez les peuples étrangers, puis en France, d'après nos constitutions successives; il signale, pour chaque pays constitutionnel et même pour chaque fraction d'État, ayant une organisation particulière, le nombre des assemblées législatives. La France attendait une constitution, il était opportun de constater que le système des deux assemblées est celui de tous les grands États et celui de la plupart des petits (1).

Cette séance fournit à M. Herold l'occasion de donner une nouvelle preuve de la portée de son esprit en matière de droit des gens : à la suite d'une observation de M. Jozon sur le rôle des puissances neutres, pendant la dernière guerre, un de nos collègues avait dit : « Il y a quelque contradiction entre l'idée de droit et l'état de guerre. La guerre est la négation du droit... » M. Herold reprit, avec autant de justesse que de précision : « Lorsqu'on parle de droit dans l'état de guerre, on l'entend d'un droit relatif et souvent imparfait, qui n'en a pas moins son utilité actuelle, et doit porter ses fruits pour l'avenir » (2).

Ce n'est pas seulement ici que M. Herold a montré son dévouement à l'étude de la législation comparée. Comme secrétaire général du ministère de la justice, il a fait prendre par le garde des sceaux, le 6 décembre 1870, un arrêté qui créait, au ministère de la justice, un bureau de législation comparée et instituait auprès de ce bureau une commission pour en diriger les travaux. En 1872, dans la commission des études de droit, créée par MM. Dufaure et Jules

____

(1) *Bulletin,* 1872, p. 40.
(2) *Bulletin, loc. cit.,* p. 48.

Simon, M. Herold demanda que l'enseignement fît une grande place à la législation comparée.

M. Herold était un savant jurisconsulte. Lauréat de la Faculté de Paris, élu, la même année, 1851, premier secrétaire de la conférence du stage, il était entré, en 1854, au barreau du Conseil d'État et de la Cour de cassation ; bientôt, il s'y fit la réputation d'un avocat distingué et fut élu membre du conseil de l'ordre. Nommé, par le gouvernement de la Défense nationale, membre de la commission provisoire chargée de remplacer le Conseil d'État, M. Herold a pris une part très sérieuse aux travaux de cette commission.

Il a publié quelques écrits : *Le droit électoral devant la Cour de cassation ;* avec MM. Clamageran, Diez, Durier…, le *Manuel électoral ;* avec M. Jozon, le *Manuel de la Liberté individuelle* etc. La *Revue pratique* contient plusieurs dissertations de M. Herold ; je ne peux citer ici qu'une remarquable étude de législation sur la perpétuité de la propriété littéraire ; j'y relève ce trait libéral : M. Herold repousse, en cette matière, l'expropriation pour cause d'utilité publique, parce que, dit-il, « l'expropriation en matière littéraire serait, au plus haut chef, un fait de l'intervention de l'État dans la direction morale de la société. Cette intervention, il faut bien l'admettre dans une certaine mesure, mais seulement en cas de nécessité évidente. La répression pénale est une intervention de cette nature. J'admets encore celle qui s'exerce par l'enseignement offert au public. Mais aller au delà, c'est dépasser toute borne raisonnable ; c'est, de la part de l'État, excéder sa mission et immoler un droit individuel, certain, à un prétendu droit social des plus dangereux… » (1).

En restant au même point de vue libéral, nous devons rappeler que M. Herold a provoqué l'abrogation, par le gouvernement de la Défense nationale, de l'article 75 de la constitution de l'an VIII, et qu'il a fait proclamer, dans le même temps, la liberté de l'imprimerie.

Le dernier service rendu à la science du droit par M. Herold a été la publication, avec notre excellent collègue M. Ch. Lyon-Caen, des *Mélanges* de M. Valette. MM. Herold et Lyon-Caen ont mérité la reconnaissance de tous les jurisconsultes en sauvant de l'oubli

---

(1) Adversaire de la perpétuité, M. Herold n'accepte pas contre elle l'argument du *fonds commun ;* il dit : « Le créateur de n'importe quel objet matériel doit tout autant à la société et aux hommes que l'auteur d'un livre… » *Revue pratique,* t. XIII, p. 410, 421.

nombre de travaux précieux, épars dans des revues de droit, dans des journaux, dans des collections de rapports.

Ce dévouement à la mémoire d'un maître est une sorte de piété filiale, qui honore grandement les disciples.

Une notice sur la vie et les travaux de M. Valette (1) ouvre les *Mélanges*; elle est touchante et digne du sujet. Tous les amis de l'impartialité font honneur à M. Herold d'avoir constaté chez M. Valette, d'une part, la puissance et la clairvoyance de l'esprit, la parfaite sincérité du caractère, et, d'autre part, la fermeté de la foi catholique.

M. le sénateur Herold laisse, dans notre Société, les regrets que lui donnent tous les corps dont il faisait partie, et dans lesquels il avait une grande place

Le barreau de la Cour de cassation à qui nous devons, comme aux barreaux des Cours d'appel, tant de membres distingués, nous avait encore donné M. MIMEREL.

Dès l'année 1876, vous avez, Messieurs, rendu hommage à la considération dont notre collègue jouissait dans le monde judiciaire, en le nommant membre de votre conseil de direction.

M. Mimerel était alors président de son ordre; il avait été élu, a dit sur sa tombe notre collègue, M. le sénateur Mazeau, parce qu'il était le meilleur et le plus digne.

Au mois de mai 1877, le Ministre de l'intérieur retira à M. Mimerel la clientèle de son département; aucun de ses confrères ne consentit à le remplacer : voilà l'homme; — voici l'avocat, apprécié par un membre du barreau auquel il appartenait, par M. Michaux-Bellaire : « Les mémoires de Mimerel étaient remarquables dans leur concision... Ses confrères ne s'y méprenaient pas, et ils savaient combien la lutte était difficile contre un pareil logicien... » (2)

Dès le début de sa carrière, M. Mimerel avait pris place dans la science juridique : les douze premiers volumes de la *Revue critique* contiennent, de lui, dix-neuf dissertations, examens de jurisprudence, comptes rendus d'ouvrages. Il discutait habilement les principales questions à l'ordre du jour : celle des reprises de la femme commune en biens; celle — question législative autant que juridique — des conséquences de la nullité des traités secrets en matière de transmission d'office. Dans ce dernier travail, M. Mimerel laisse voir la droiture de son âme : pour établir la validité de la re-

(1) Notice due à MM. Herold et Lyon-Caen.
(2) Journal *La Loi*, des 20-21 mars 1882.

nonciation, faite par le cessionnaire, à la créance en répétition, il ajoute aux arguments de droit cette considération : « Je suppose, dit-il, que plusieurs années d'exercice se sont écoulées depuis que le cessionnaire a payé l'excédent, et qu'elles l'ont convaincu qu'il n'a rien payé de trop : hé bien ! il est odieux de défendre à ce cessionnaire de donner, par une renonciation à l'action en répétition, satisfaction à sa conscience !... Il songe qu'après lui viendront ses héritiers que les mêmes sentiments pourraient ne pas animer... Non, la législation ne saurait sanctionner de tels résultats... ce serait, au lieu de la protection qu'on attend de la loi, le mépris le plus complet de la liberté qui appartient à chaque homme, et sur laquelle la société ne doit empiéter qu'en vue d'une absolue nécessité. »

Nous nous inclinons avec respect devant la mémoire du légiste qui n'a jamais oublié que le droit est essentiellement *ars boni et æqui*.

Une de nos pertes les plus sensibles a été celle du professeur Ernest Dubois ; il avait fait pour la Société d'excellents travaux ; son activité nous en promettait beaucoup d'autres ; il avait seulement quarante-cinq ans.

M. Ernest Dubois a été l'un des créateurs de notre *Annuaire ;* au premier volume il donne la traduction d'une loi italienne ; au deuxième , une intéressante notice sur les discussions que venait de soulever, dans le parlement italien, en 1872, la question de l'instruction publique, particulièrement celle de l'enseignement supérieur ; au deuxième, encore, il donne la traduction de deux lois relatives aux universités de Rome, de Padoue et à l'Institut des études supérieures à Florence. Le troisième volume contient une notice de M. Dubois sur la loi du 26 janvier 1873, qui a supprimé les Facultés de théologie dans les Universités italiennes ; notre regretté collègue constate que les partisans de cette loi n'ont pas voulu exclure des Universités la science religieuse ; qu'ils ont distingué entre l'enseignement professionnel de la théologie positive et l'enseignement spéculatif de la théologie rationnelle ; que le premier seulement a été abandonné par l'Etat (1).

Aussi familier avec la langue allemande qu'avec la langue italienne, M. Dubois traduit, toujours pour le volume de 1874, la loi autrichienne du 27 avril 1873, concernant l'organisation des autorités universitaires. Notre libéral collègue remarque, dans la notice, que dès 1848, ont prévalu, en Autriche, les deux principes : *Lehrfreiheit* et *Lernfreiheit* (*liberté d'enseigner et liberté d'apprendre*).

(1) *Annnaire*, 1874, p. 296.

1.

Les communications que M. Dubois insère à notre Bulletin, sont inspirées visiblement par le désir de rendre service au pays ; il fait connaître deux opuscules du professeur Buniva, l'un qui demande l'abolition, déjà réclamée en France, du résumé des présidents d'assises ; l'autre qui signale les conséquences funestes, particulièrement en Sicile, de la liberté, quelquefois réclamée chez nous, de célébrer le mariage religieux avant de contracter le mariage civil. Une étude de quarante pages est consacrée par M. Dubois au contentieux administratif, en Italie, depuis la loi de 1865. Ce remarquable travail, plein de renseignements recueillis sur place et puisés, en partie, dans des conversations avec les hommes compétents, se termine par l'expression du vœu libéral, que les juges administratifs reçoivent, en France, l'inamovibilité : « Les caractères les plus fortement trempés, dit M. Dubois, ne perdront rien à jouir de l'inamovibilité, et les autres pourront y gagner quelque chose. Sans l'inamovibilité, l'indépendance peut exister, mais elle est en suspicion. Or, il ne suffit pas que les juges administratifs soient indépendants, il faut encore qu'ils le paraissent. »

Je ne peux m'arrêter sur tous les travaux de M. Dubois publiés hors de nos recueils, pas même sur ceux dont notre Bulletin, dans ses comptes rendus, a fait justement l'éloge (1).

Il suffira, pour montrer la variété des connaissances de M. Dubois, de citer la *Dissertation sur la table de Clès ; la Saisine héréditaire en droit romain ; les Instituts de Gaïus*, première *édition française* d'après l'*Apographum* de Studemund, — ce travail de M. Dubois est admiré par les romanistes ; — enfin la brochure, publiée en 1871, sur la réforme et la liberté de l'enseignement supérieur, en particulier de l'enseignement du droit.

« Nécessaire depuis longtemps, a dit M. Dubois, la réforme est devenue urgente, à présent que la France éprouvée par de cruels revers, instruite par de terribles leçons, a besoin de se régénérer, de déployer, en toute chose, toutes les ressources qu'elle possède encore. » Une pensée libérale anime cet ouvrage. « Les trois grands maux de notre enseignement supérieur, écrit M. Dubois, sont le monopole de l'Etat, la centralisation exagérée et l'obstacle apporté par la loi à toute émulation entre les professeurs. » (2)

M. Dubois était profondément dévoué à ses élèves. Dans sa longue maladie, il demandait en grâce, à son médecin, de le laisser faire son cours dans sa chambre, au moins pour les aspirants au doctorat.

____

(1) *Bulletin*, 1875, p. 425 ; — 1876, p. 578 ; — 1878, p. 395 ; — 1879, p. 299.
(2) Page 4.

La Société peut dire de la mort du sympathique M. Dubois, ce que notre collègue, M. Lederlin, en a dit au nom de la Faculté de Nancy : Un de nos maîtres les plus savants et les plus distingués nous a été enlevé dans la force de l'âge, dans toute la maturité d'un talent éprouvé.

La science de la législation a fait une grande perte en la personne de M. le sénateur BERTAULD.

Au point de vue scientifique, qui nous occupe seul ici, M. Bertauld a été, pendant près de quarante ans, l'un des champions les plus résolus, les plus ardents, de la souveraineté du droit et du respect de la liberté.

La philosophie du droit était l'étude favorite de M. Bertauld ; elle est, messieurs, la compagne inséparable de vos études de législation comparée ; ce sont les titres de M. Bertauld en matière de philosophie du droit, que je dois rappeler tout d'abord.

Notre éminent collègue a constamment professé le spiritualisme. Son premier ouvrage, son *Cours de droit pénal*, publié en 1854, débute ainsi : « La loi morale est attestée par la conscience et la raison ; l'homme reconnaît et ne peut pas ne point reconnaître qu'il existe une règle à laquelle sont soumises non seulement ses actions, mais encore ses pensées, ses affections ; que cette règle, la raison la découvre mais ne la crée pas, parce qu'il est impossible que l'homme cumule les deux rôles contradictoires de supérieur faisant la loi, et d'inférieur tenu d'y obéir. L'homme, à travers la règle, voit, par le seul déploiement de ses facultés, le législateur, c'est-à-dire la raison souveraine, dont sa raison relève et n'est qu'une émanation » (1).

Même fermeté de doctrine dans l'ouvrage publié par M. Bertauld, en 1864, *La liberté civile, nouvelle étude critique sur les publicistes contemporains* ; dans son dernier livre, *L'Ordre social et l'Ordre moral, le Droit et le Devoir* ; enfin, dans le discours prononcé devant la Cour de cassation à la rentrée de 1881.

Sur le fondement immédiat du droit, M. Bertauld se sépare du plus grand nombre des spiritualistes. « Le droit, disait-il, n'a pas son fondement en dehors de la société humaine, il est inhérent à cette société, dont il est le lien, et à la liberté individuelle, dont il est le gardien. Avec l'école spiritualiste, j'assigne pour fondement à la morale la raison et la justice de Dieu ; mais je ne vois pas avec elle, dans le droit, une sorte de réduction de la morale. —

____

(1) *Cours de droit pénal*, première leçon, 1854.

Avec l'école de la morale indépendante, j'assigne pour fondement
au droit le respect de la liberté humaine; mais je ne vois pas
avec elle, dans la liberté, la source de la morale» (1), et, plus loin :
« Sans doute la nature humaine étant l'œuvre de Dieu, cette règle
(le droit) remonte médiatement à Dieu. Mais il n'est pas indispensable de préjuger l'origine de l'homme, pour reconnaître qu'une
règle imposée par la nature sociable et raisonnable de l'homme est
obligatoire » (2).

Dans cette distinction entre la morale et le droit, M. Bertauld
cherchait une garantie pour la liberté. « Avec un droit purement
humain, purement social, disait-il, le pouvoir ne se fait pas l'illu-
sion qu'il a *charge d'âmes*. Il ne se fait ni apôtre, ni convertisseur ;
il laisse aux sectes religieuses ou philosophiques le soin de faire,
dans les limites compatibles avec l'ordre social, œuvre de prosé-
lytisme : il ne prête à aucune le concours de ses forces et surtout
de ses lois. Il comprend qu'il n'a que la *charge* des *libertés* » (3).

Tous les libéraux rendent hommage aux efforts que M. Bertauld
a faits, dans ses écrits, pour défendre la liberté, si bien appelée
par lui la noble cliente.

Mais les libéraux spiritualistes peuvent-ils accorder qu'il n'est
pas indispensable de préjuger l'origine de l'homme, pour reconnaître « qu'une règle imposée par la nature sociable et raisonnable
de l'homme est obligatoire? » Si le droit ne parle qu'au nom de la
liberté inhérente à la nature de l'homme, s'il n'invoque pas, comme
soutien immédiat de ses prescriptions, la loi du Créateur, imposant
le devoir de respecter la liberté, le droit aura-t-il appuyé sur un
fondement inébranlable l'autorité morale dont il a besoin?

M. Bertauld avait une immense lecture ; il était dialecticien consommé ; il l'a prouvé dans ses œuvres juridiques non moins que
dans ses ouvrages de philosophie.

Son cours de Code pénal a eu quatre éditions. Devenu professeur
de Code civil en 1858, il a pris dans le droit privé, même à côté
d'un prince de la science, la place qu'il avait déjà dans le droit
criminel.

Ses dissertations, savantes et ingénieuses, sur les matières les plus
difficiles du droit civil, sont trop nombreuses et trop connues pour
que j'en indique ici les objets.

Le professeur zélé, le fécond écrivain était, en même temps,

(1) *L'Ordre social et l'Ordre moral*, p. 3.
(2) *Loc. cit.*, p. 163.
(3) *Loc. cit.*, p. 141.

l'un des avocats les plus occupés du barreau de Caen ; plusieurs fois il en a été le bâtonnier.

En 1871, M. Bertauld est devenu législateur. Membre d'abord de l'Assemblée nationale, puis sénateur inamovible, notre collègue a pris, dans les commissions, en séance publique, une part considérable aux travaux du parlement. Ses études profondes sur les principes de la législation, sa connaissance précise des règles du droit dans toutes les branches, sa longue pratique des affaires lui donnaient une autorité légitime.

Je ne saurais rien ajouter à l'éloge que, récemment, son éloquent successeur a fait du procureur général Bertauld.

Le professeur ne le cédait ni à l'avocat ni au magistrat. M. Bertauld n'a reculé devant aucun travail pour donner aux jeunes légistes la plus large instruction ; il a écrit une *Introduction à l'histoire des sources du droit français*, afin de « familiariser les jeunes hommes avec l'opinion que les historiens, les publicistes, Boulainvilliers, l'abbé Dubos, Montesquieu... M. Guizot, ne doivent pas rester plus étrangers aux jurisconsultes que ne doivent leur rester étrangères les idées qui ont préoccupé Dumoulin, Hotman, Loyseau... » (1).

M. Bertauld a mérité cet éloge qu'il avait fait de M. Troplong : en donnant, dans ses livres, à la philosophie, à l'histoire, à l'économie politique, une hospitalité digne d'elles, M. Troplong « a embelli et singulièrement élargi son domaine » (2).

M. Bertauld était bien des vôtres, messieurs : il comparait les lois étrangères avec les lois françaises (3).

Les œuvres principales de notre très regretté collègue ont, certainement, une place dans la grande école de philosophie du droit, illustrée, en France, par Portalis, Montesquieu, d'Aguesseau, Domat, et qui remonte, par Cicéron, jusqu'à Platon.

La mort se hâte, elle nous enlève, coup sur coup, MM. Coffinhal-Laprade, Audemar, Charbonnier, Campenon, Rozy.

Celui qui aura l'honneur de dire à nos collègues, en votre nom, le dernier adieu, n'aura plus le temps d'étudier, comme il le voudrait, leur vie et leurs travaux.

M. Coffinhal-Laprade n'avait que quarante ans ; il était depuis deux ans, déjà, substitut du procureur général à la cour de Paris.

---

(1) *Introduction à l'histoire des sources, etc.*, p. XVI.
(2) *La liberté civile*, p. 82.
(3) Voy. *Cours de Code pénal*, (4ᵉ édit.), p. 232, 330, 344, 362.....

Cette carrière rapide était prédite par ceux qui ont connu notre collègue, soit à l'Ecole, soit au Palais : à l'Ecole, il avait soutenu honorablement une thèse de doctorat sur le droit de tester ; bientôt, il avait concouru pour l'agrégation, et, s'il n'avait pas touché le but du premier coup, ses rivaux l'avaient distingué comme capable de l'atteindre ; au Palais, ses pairs l'avaient élu secrétaire de la conférence.

En 1869, M. Coffinhal-Laprade entre dans la magistrature ; trois ans après, il est nommé procureur de la République ; en 1878, il est substitut du procureur général à Toulouse ; bientôt, il est appelé à la Cour de Paris. Deux ans suffisent pour qu'il y mérite l'estime et l'affection.

Son dévouement au devoir, a dit un de ses collègues, était sans mesure (1).

Dès ses débuts comme magistrat, M. Coffinhal-Laprade avait montré ce dévouement devant l'émeute ; à Paris, il en a donné une autre preuve : il se savait atteint d'une maladie mortelle ; il n'en a rien dit au parquet, pour obtenir, dans le travail, la part la plus lourde.

Avant même l'existence de notre Société, M. Laprade avait aperçu qu'une étude sur une loi française exige, pour être concluante, une comparaison avec les lois étrangères : dans un opuscule sur la loi militaire de 1868, les auteurs, MM. Isambert et Coffinhal-Laprade, ont esquissé à grands traits l'organisation militaire de la Prusse, de l'Angleterre, des États-Unis, de la Suisse.

M. Laprade avait l'esprit philosophique : dans l'introduction bien pensée et bien dite, de sa thèse, il conclut contre le rétablissement de l'exhérédation, en ces termes : « Il serait facile de montrer toutes les relations de famille troublées, les mariages devenus difficiles avec cette perspective d'exhérédation toujours menaçante ; les haines, les jalousies et les procès sans cesse renaissants ; mais ces procédés dramatiques sont inutiles, et pour défendre la solution du Code, il suffit de montrer, comme je me suis efforcé de le faire, qu'elle est juste. » (2).

La mort a trouvé M. Coffinhal-Laprade courageux, résigné, chrétien.

M. Audemar a été, pendant vingt-cinq ans, à Toulon, l'un des avocats les plus occupés ; trois fois, il fut élu bâtonnier ; pendant

(1) M. l'avocat général Villetard de Laguérie, discours de rentrée, *Gazette des Tribunaux* des 6 et 7 novembre 1882.
(2) Pages 18-19.

six ans, il a administré, comme maire, la ville de Toulon qui demeure reconnaissante des progrès faits, alors, par l'instruction populaire, et du courage déployé par son maire en face de la terrible invasion du choléra, en 1865; enfin, M. Audemar a siégé comme juge, pendant douze ans, dans le grand tribunal de la Seine.

La vie de notre collègue a été, sur sa tombe, éloquemment racontée par M. le bâtonnier de Toulon. J'emprunte au portrait tracé par M⁰ Noble les principaux traits qui font revivre M. Audemar : « Audemar aima beaucoup la liberté. Il la concevait, il est vrai, en juriste... Pour lui, liberté, droit, justice, c'était ne pas faire à autrui ce qu'on ne voudrait pas qu'il fût fait à soi-même... Audemar était profondément et essentiellement avocat... un de ceux parmi nos maîtres, auxquels notre modeste barreau de Toulon doit, le plus, d'avoir toujours suivi strictement les sévères et justes traditions du barreau de Paris... Il fallait entendre Audemar quand il revendiquait les droits de la défense! Il vous en souvient, accusés de décembre! accusés de tous les partis!... — Dors, cher maître, dors du sommeil le plus paisible. Tu fus toujours pour nous une nature si exquise, qu'il nous semble que ta dépouille mortelle sera dans cette tombe, enveloppée de poésie. Mais non, c'est mieux que le sommeil, c'est la vie suprême dont tu fus le croyant; et, puisque Dieu veut que tu m'entendes, l'hommage pieux que je t'apporte au nom de tes anciens confrères est, je le sais, un des derniers bruits les plus doux de la terre, qu'il te soit donné d'entendre.

« Adieu, maître! au revoir! »

M. Charbonnier était plus jeune encore que M. Coffinhal-Laprade; il n'avait que trente-sept ans; il laisse, ce qui suffirait pour honorer une longue vie, un livre utile et une belle action.

En 1874, à l'époque où l'Assemblée nationale discutait des lois d'élection, M. Charbonnier a publié *l'Organisation électorale et représentative de tous les pays civilisés*. Ce volume contient, pour l'Europe, l'analyse de vingt-trois constitutions d'États principaux. Le chapitre consacré à l'Allemagne se subdivise en dix-neuf paragraphes qui présentent, chacun, l'organisation d'un État secondaire, royaume, duché, principauté, ville ... M. Charbonnier ne néglige pas les infiniment petits; il a décrit la constitution de l'Andorre, il y a relevé, entre autres, ce trait: lorsque l'illustre conseil général de la République est réuni extraordinairement, les frais de l'entretien des conseillers sont à la charge du citoyen qui a provoqué la réunion : il est tenu de verser, à l'avance, une provision suffisante (1).

M. Charbonnier étudie en Amérique dix-huit constitutions ; il touche à l'Asie, à l'Afrique, même à l'Océanie, il résume la constitution des îles Sandwich.

Notre collègue nous promettait une étude analogue sur l'organisation provinciale et communale des diverses nations (2).

Tel était le travailleur, voici le patriote.

Lors de l'invasion, M. Charbonnier était sous-préfet à Montargis ; il entreprend, avec la garde nationale et quelques francs-tireurs qu'il avait organisés, de défendre cette ville ouverte.

Il est blessé et fait prisonnier ; l'ennemi lui refuse la qualité de belligérant et le menace du peloton d'exécution. La fermeté de son attitude lui a sauvé la vie ; l'admiration désarma l'ennemi (3).

Au retour de la captivité, notre vaillant collègue a reçu la croix de la Légion d'honneur.

Madame Charbonnier avait suivi son mari en Allemagne.

Puisse l'hommage de nos respects et de nos regrets adoucir sa douleur !

Encore une perte prématurée, celle de M. Campenon.

La place distinguée que, de bonne heure, M. Campenon prend au barreau, lui fait offrir la fonction de substitut à Paris.

Il s'en acquitte de telle sorte que bientôt la direction du service de la presse lui est confiée ; dans cette délicate mission, il a fait dire de lui, par un bon juge, notre ancien secrétaire général M. Georges Dubois, qu'il évitait toujours les taquineries mesquines et qu'il ne manquait jamais au devoir de défendre les principes sociaux.

M. Campenon accomplissait scrupuleusement les travaux du cabinet et portait, à l'audience, la parole simple, élégante que le Palais avait appréciée chez l'avocat.

Lorsque M. Dufaure, garde des sceaux, fait le premier essai de

(1) Page 92.

(2) *Préface*, p. XI. — M. Charbonnier a publié un petit volume intitulé : *Les Allemands chez eux et chez nous*. Ce livre, écrit au lendemain de la guerre, ne traite pas de législation comparée. On y retrouve, d'ailleurs, le libéral et le patriote clairvoyant : « C'est l'activité, c'est la vie, c'est le travail qui font la gloire et la grandeur du fier et libre peuple belge. » *Lettre première*, p. 3 ; — « Vous connaissez mes sentiments vis-à-vis des Prussiens en général et de leur armée en particulier ;... mais ce que je ne peux contester, c'est le haut degré de culture intellectuelle auquel sont parvenus les officiers allemands... » *Lettre VIII*, p. 76. — Cet ouvrage est épuisé.

(3) Journal *Le National*.

l'excellente institution appelée le concours des attachés, il veut avoir sur cette création l'avis de juges compétents ; il place, entre autres, dans le jury présidé par M. le premier président Mercier, M. Campenon. Après le jugement, le jury est transformé en commission chargée de préparer un projet d'organisation du concours ; la rédaction du rapport est confiée à M. Campenon.

En 1880, notre collègue était déjà depuis quatre ans substitut du procureur général. Sa carrière est belle, il peut se promettre qu'elle le sera plus encore ; il la brise lui-même, noblement, lorsque sa conscience lui prescrit de renoncer à des fonctions dont le caractère lui paraît être méconnu.

Rentré dans la vie privée, M. Campenon refuse les offres dignes de son mérite, qui lui sont faites par plusieurs grandes sociétés de finances ; il se consacre à ses enfants et aux lettres ; il défend, dans la presse, les doctrines auxquelles il est sincèrement dévoué.

M. Campenon n'était pas seulement jurisconsulte (1) ; il avait le goût et le sens de la législation ; il a publié, en 1865, sur la révision du Code de procédure civile, une étude critique des projets soumis au Conseil d'Etat.

La conclusion de ce travail suffirait à justifier nos regrets ; elle est celle d'un légiste profondément honnête : « En combattant librement, dit M. Campenon, ce qui nous paraît être ou l'inutile bouleversement de nos procédures et de nos compétences, ou une expropriation indirecte sans indemnité, nous avons toujours espéré qu'il suffirait d'indiquer ce danger, pour empêcher que rien de ce qui est injuste ne fût adopté, que rien de ce qui constitue une propriété ne fût atteint sans une équitable compensation » (2).

M. Campenon laisse à ses deux fils un nom justement honoré.

M. Rozy, avocat et professeur à Toulouse, est mort à cinquante-trois ans ; cette vie, trop courte, compte beaucoup de travaux utiles et beaucoup de bonnes actions.

M. Rozy n'avait que vingt-deux ans, a dit M. le bâtonnier, lorsqu'aux assises il émerveillait ses confrères par sa parole imagée (3).

____

(1) M. Campenon a écrit des commentaires usuels du Code civil et du Code de commerce, deux petits volumes, 1865, — pour « éviter des recherches à tous ceux qui ont besoin de connaître le droit ou du moins de savoir leurs devoirs et leurs droits. » Avertissement du *Code de commerce... Commentaire usuel...*

(2) *De la révision du Code de procédure*, p. 156 (1867),

(3) *Journal de Toulouse*, du 24 septembre 1882.

Attaché d'abord comme suppléant provisoire à la Faculté de droit, il reçoit, au concours, quelques années après, la confirmation de son titre ; en 1865, il est chargé d'un cours d'économie politique ; en 1869, il est nommé professeur de droit administratif.

La leçon d'ouverture du cours d'économie politique montre le point de vue élevé auquel se plaçait M. Rozy : il rattache l'économie politique à la morale et au droit dont elle est, dit-il, la sœur cadette ; il établit le lien entre les trois sciences, en prouvant qu'elles ont un même principe, le bien, et qu'elles ont une même fin : « faire vivre sur la terre l'harmonie et la paix qui sont d'ordre divin » (1).

La dernière leçon de droit administratif a été marquée par un fait qui consacre le succès du professeur ; je laisse parler notre collègue M. le professeur Huc : « A la fin de la dernière année scolaire, le jeune auditoire de M. Rozy voulut lui exprimer toute sa sympathie, et — fait sans précédent dans l'histoire de la Faculté de Toulouse — une adresse lui fut remise, signée de tous les étudiants inscrits à son cours. »

Le professeur, aimé si justement, n'a pas oublié ses élèves dans ses dernières dispositions : il a chargé M. Huc de remettre sa bibliothèque juridique à un jeune avocat ou à un étudiant qui aurait besoin d'être aidé dans ses travaux.

M. Rozy tenait une place distinguée au barreau de Toulouse ; M. le bâtonnier en a rendu ce témoignage : « Nous l'avons vu actif aux luttes de l'audience, . . . et dans les rencontres solennelles, il s'est montré l'égal des premiers. . . . Aussi, nos libres suffrages lui ouvrirent-ils, deux fois, les portes du conseil de discipline. . . . . ; quand il en est temporairement sorti, ce fut par un retrait volontaire de sa candidature.... »

M. Rozy a beaucoup et heureusement écrit sur le droit, sur l'économie politique, sur l'enseignement, etc. Il était membre de l'Académie de Législation de Toulouse ; le précieux recueil de cette savante compagnie contient un grand nombre de communications et de rapports signés par notre collègue. Son *Traité élémentaire d'économie politique* a été couronné à Lyon. Notre savant collègue, M. le professeur Molinier, apprécie en ces termes le livre de M. Rozy sur le travail, le capital et leur accord : « Lorsque les idées

(1) Page 22. — « Que l'on ne craigne pas que l'orgueil de l'homme se surexcite au milieu de ces études! Non, au contraire, son esprit sera d'autant plus porté à s'agenouiller devant le créateur de ces grandes lois de l'ordre social, que nul homme n'a créées. » p. 27.

fausses pénétrent dans les masses... il importe que les hommes sincèrement dévoués à leur pays... appliquent les forces de leur intelligence à éclairer les questions sociales qui viennent se poser. Ce devoir qui s'impose à tout homme instruit et honnête, M. Rozy sait l'accomplir... » (1)

M. Rozy savait accomplir d'autres devoirs encore ; il était homme de charité. « Les étudiants pauvres, a dit M. Duméril, président de l'Académie des sciences, inscriptions et belles-lettres de Toulouse, n'étaient pas seulement ses élèves : ils étaient ses enfants. Sa distraction était de remplir le rôle de père des pauvres... Sa charité universelle ne s'est jamais démentie. » L'orateur ajoute : « Heureux ceux qui peuvent emporter avec eux, en mourant, de tels mérites ! Pour eux, je le tiens pour assuré, le moment où cette vie finit est le moment où commence une vie meilleure. »

M. Rozy, membre du bureau de bienfaisance, membre de la commission de surveillance de l'asile des aliénés, a reçu un grand honneur : son convoi a été suivi par les femmes admirables en lesquelles se personnifie le dévouement le plus humain et le plus courageux, par les sœurs de la charité.

Ce n'est pas en France seulement que la Société de Législation comparée a été, tant de fois, frappée par la mort ; nous avons perdu trois collègues étrangers dont les noms honoraient notre liste : MM. Villegas, Tomasoni et Godefroi.

Le président de la Cour suprême et le doyen de la Faculté de droit de Buenos-Ayres ont rendu au docteur don Sisto Villegas cet hommage, qu'il avait parcouru les degrés de l'ordre judiciaire jusqu'au plus élevé, en se montrant toujours magistrat intègre, savant, infatigable au travail ; que, membre de la Faculté de droit, pendant quatre ans son doyen, il avait obtenu l'estime de tous ses collègues, et, sur les étudiants, l'autorité que donne seul le respect pour le caractère et pour la science du professeur. En dehors du Palais et de l'École le docteur Villegas a su rendre encore à sa patrie et aux lois de signalés services : dans la Convention de 1860, il a fait preuve de son amour pour l'union de la République Argentine ; membre de la Convention qui a fait la Constitution de 1870, il a participé à l'honneur d'inscrire dans cette Constitution les principes d'un gouvernement libre. La réforme du Code de commerce et la révision du Code pénal de la République Argen-

(1) *Recueil de l'Académie de législation*, t XX, p. 247.

tine ont été préparées par des commissions dont faisait partie notre regretté collègue.

Le président de la Cour suprême, comme dernier adieu, a proclamé le docteur Villegas un des plus éminents serviteurs de la justice, emportant la reconnaissance profonde de sa patrie.

Le docteur GIOVANNI TOMASONI a été professeur distingué, avocat habile et délicat, patriote courageux, bienfaiteur des pauvres.

Lauréat, à Padoue, de philosophie et d'économie politique, *habilité* par la même Université à l'enseignement privé des sciences juridiques, notre collègue va s'établir à Venise pour y professer. Il n'a que son diplôme, ses livres et la petite somme donnée par son père, qui ne pourra pas la renouveler; il est sans protecteur. Mais, bientôt, ses élèves l'entourent d'affection et de respect; l'un d'eux blessé mortellement au siège de Venise, en 1848, laisse à son maître, comme témoignage public de sa reconnaissance, un legs considérable.

M. Tomasoni s'était donné aux patriotes vénitiens. Lorsque la ville d'Udine, qui a chassé l'étranger, demande du secours à Venise, celle-ci lui envoie Tomasoni : il prendra, dit la lettre qu'il emporte, toutes les mesures opportunes, avec les hommes de tête et de cœur dévoués à la cause commune. La lettre est signée par l'illustre Manin.

Venise a succombé; M. Tomasoni revient à Padoue et se consacre au barreau.

Devoirs de sa profession, travaux scientifiques, voyages dans les deux mondes pour accroître son instruction, conférences et publications qui répandent les connaissances puisées dans ses vastes lectures et dans l'observation des pays étrangers, cela ne suffit pas à épuiser l'activité et le dévouement de notre collègue.

Il est syndic de Villanova ; à Padoue, il est conseiller communal, il est membre de la junte, président de la maison d'asile, président de l'hôpital civil. Lorsque ses forces ne suffisent plus à tant de charges, c'est son cabinet d'avocat qu'il sacrifie.

Cette belle vie avait une préface qui l'explique : Tomasoni avait été élevé par une mère dont il a réalisé l'idéal. Sa mère lui avait inspiré une ardente charité.

M. Palazzi a dit, dans l'église du Pellegrino, à Padoue: «Tomasoni préparait un livre intitulé *Benefattori e Beneficati :* il voulait rapprocher le riche du pauvre, montrer le riche préparant au pauvre la paix de l'asile (*la pace del recovero alla vita dura e travagliata del povero*), afin que le pauvre aimât le riche... » M. Palazzi ajoute:

« Le chapitre le plus beau et le plus éloquent d'un pareil livre pourrait porter le nom de Giovanni Tomasoni » (1).

L'expression d'une profonde reconnaissance est le premier hommage dû par la Société à la mémoire de M. Godefroi.

Notre illustre collègue a été le modèle des membres correspondants. Il a, pendant huit ans, enrichi nos annuaires de notices générales sur le mouvement législatif dans les Pays-Bas, de notices particulières sur les lois les plus importantes, de traductions de ces lois. C'est à M. Godefroi que nous devons la traduction des lois récentes de la Hollande sur l'organisation judiciaire, sur l'organisation de l'enseignement primaire; — cette dernière loi, votée en 1878, compte quatre-vingt-dix articles. Le *Bulletin* recevait fréquemment de notre collègue des chroniques législatives. Il suivait de loin nos discussions. Je viens de rappeler la communication de M. Ernest Dubois sur le contentieux administratif en Italie; M. Godefroi lit cette étude qui doit être suivie d'une discussion en séance générale; aussitôt, il écrit pour la Société, en un français qui nous fait envie, et il adresse à notre secrétaire général un compte rendu de la discussion et du vote, dans la seconde chambre des Pays-Bas, sur un projet de loi relatif au contentieux administratif. Lecture de cette importante communication est donnée dans la séance, et nous applaudissons aux remercîments exprimés par notre illustre président, M. Renouard.

La Société tenait à grand honneur de compter parmi ses membres M. Godefroi, l'un des meilleurs et des plus utiles citoyens de la Hollande.

Pendant vingt-cinq ans, dans un des pays qui ont fait, de nos jours, le plus de lois d'ensemble, M. Godefroi a été l'âme même de la législation.

Son dernier travail est le projet de Code pénal devenu la loi du 3 mars 1882. Des juges compétents proclament ce Code une œuvre de premier mérite, hardie, et qui appelle l'étude de tous les législateurs.

M. Godefroi avait été, pendant deux ans, Ministre de la justice; c'est le Ministre de la justice qui a dit sur sa tombe avec autorité : « M. Godefroi était non pas connaisseur des lois, mais connaisseur du droit dans le sens le plus étendu du mot; il était juriste, légiste

____

(1) *Commemorazione di Giovanni Tomasoni, letta, el 14 guigno 1881, nella chiesa del B. Pellegrino, in Padova, dal consigliere d'administrazione della casa di ricovero,* Pio Palazzi.

et en même temps législateur ; il excellait dans l'art souverainement difficile de donner aux principes, sous la forme la plus sobre, la consécration légale... Sans jamais chercher le repos... M. Godefroi se dévouait au bien-être de la patrie... »

Vous entendez, Messieurs, venant aussi de la Hollande, ce mot dévouement que j'ai sans cesse prononcé, parce que sans cesse, chez nos regrettés collègues, j'ai trouvé cette vertu.

M. Modderman poursuit ainsi : « La lutte parlementaire n'était jamais, pour M. Godefroi, un tournoi où l'on désarçonne son adversaire, parfois son ami, pour faire montre d'adresse... ; c'était une lutte ouverte et sérieuse où la conviction et l'amour de la patrie doivent seuls inspirer le combattant... Au plus haut degré, il était loyal même envers ses successeurs au ministère... ; il s'est fait un devoir, après qu'il eut repris son siège de représentant, de donner son appui à tout ministre de la justice qui voulait travailler à la réforme de la législation...

« Sa mémoire sera honorée parmi nous. Que son exemple nous excite tous à l'imiter. »

La Société de Législation comparée ne cessera pas, non plus, d'honorer la mémoire de M. Godefroi ; elle est fière de l'exemple laissé par un des siens aux hommes politiques de tous les pays.

Je ne peux, Messieurs, terminer ce trop long discours, sans vous parler des travaux qui, depuis notre dernière réunion, ont obtenu ou pour lesquels a été demandé le patronage de la Société ; je dois aussi vous dire où en sont nos publications annuelles.

Les propositions de traductions dont j'ai eu l'honneur de vous entretenir à la séance de clôture, ont été approuvées par votre Conseil de direction ; elles ont été agréées par le Comité de législation étrangère.

L'appel que j'avais adressé, en votre nom, à nos collègues familiers avec quelque langue étrangère, a été entendu ; le Conseil est saisi d'une proposition de M. Pierre Sarraute, relative au Code pénal espagnol, et d'une proposition de MM. Pagès et Lecourbe, relative au Code de procédure civile italien.

Je dépose sur le bureau la table analytique des dix premières années du *Bulletin*. La société doit sa vive gratitude à notre dévoué collègue M. Reibaud, qui a très habilement dressé cette table, et à M. Picot, président de la Section anglaise, qui a donné à ce travail son concours si précieux. La table relève, par noms d'auteurs et de sujets, vos communications, vos chroniques législatives, vos comptes rendus d'ouvrages, même les observations échangées dans vos discussions ; elle sera un très utile instrument de travail, mis à la disposition des légistes et des législateurs de tout pays.

Mon successeur vous présentera bientôt l'Annuaire de législation étrangère. Grâce au zèle de ses auteurs et à l'activité de MM. les présidents de section, la publication de cette œuvre considérable serait déjà faite, si des documents indispensables étaient parvenus en temps opportun à tous les collaborateurs.

Je n'aurai pas non plus l'honneur de déposer l'Annuaire de législation française ; je peux vous dire, du moins, qu'il est achevé, je viens d'en parcourir les bonnes feuilles ; il manque seulement l'avant-propos.

Ce travail, dirigé par notre ancien, et toujours si dévoué, président M. Aucoc, avec le concours de notre infatigable secrétaire général, a été mené à très heureuse fin par MM. Alpy, d'Angicourt, Bouchié de Belle, Carra de Vaux, Challamel, Demasure, Héron de Villefosse, Paisant, Pascaud, Robiquet, Theurault.

Leur œuvre nous donne un nouveau titre à la reconnaissance du monde des légistes ; au nom de la Société, je remercie chacun des auteurs et particulièrement M. Jules Challamel : l'Annuaire lui doit des notices générales sur les travaux du parlement français pendant l'année 1881, sur les lois, décrets et arrêtés concernant l'Algérie, promulgués en 1881 ; des notices spéciales et des annotations sur plusieurs lois, notamment sur la grande loi de la presse.

Un coup d'œil jeté sur l'Annuaire français vous convaincra, messieurs, que ce complément ou plutôt cette annexe de notre Annuaire étranger ne sera pas utile seulement aux travailleurs des autres pays, mais que ce recueil sera beaucoup consulté par les légistes français. Ils y trouveront, dans les notices générales, des vues d'ensemble ; dans les notices particulières et dans les notes, l'indication des documents à réunir pour bien étudier une loi nouvelle.

Vous continuerez, mes chers collègues, ces travaux si nobles et si féconds. Je ne crois pas exagérer, en disant qu'ils contribueront à guérir deux maux qui entretiennent la division dans notre chère patrie, la conception incomplète de la justice, l'absence de la mesure dans la poursuite du bien ; je n'oserais vous soumettre ces réflexions, si je ne les avais puisées chez deux maîtres en philosophie sociale.

M. Guizot a écrit : « La plus petite portion de vérité suffit à préoccuper tellement les plus grands esprits, qu'ils oublient tout à fait le reste, et deviennent aveugles sur ce qui n'entre pas dans l'étroit horizon de leurs idées ; . . . il suffit qu'il y ait un coin de justice dans une cause, pour qu'on perde de vue toutes les injustices qu'elle renferme et se permet. . .» (1).

Tacite avait l'amour du bien, il en redoutait la passion ; il a loué Agricola d'avoir appris à garder la mesure dans la sagesse.

Vos travaux agrandissent incessamment, pour le législateur, le champ d'étude ; ils reculent la ligne de son horizon. Vos travaux signalent au législateur les parlements qui cherchent avec scrupule et patience la conciliation de tous les droits, qui poursuivent la mesure, l'harmonie sublime, nommée la justice ; vos travaux mettent, par ces exemples, un frein à l'emportement vers les réformes irréfléchies ou partiales.

Excusez-moi, mes chers collègues, d'avoir gardé si longtemps la parole. Il faut du courage pour y renoncer, lorsqu'avec elle doit finir la belle fonction que vous m'avez conférée. Votre sympathie et votre bienveillance en ont rendu l'exercice, d'une douceur, d'un charme inexprimable ; je vous remercie, du fond du cœur, de m'avoir donné ce qui demeurera l'un des meilleurs souvenirs et l'honneur même de ma vie.

(1) *Histoire de la civilisation en Europe*, 10ᵉ leçon.

Paris. — Imp. C. Marpon et Flammarion, 26, rue Racine.

Paris. — Imprimerie C. Marpon et E. Flammarion, rue Racine, 26.